AF340000

Oc
964

COUP D'OEIL

SUR LA DERNIÈRE

RÉVOLUTION D'ESPAGNE.

PARIS. — IMPRIMERIE ET FONDERIE DE FAIN,
Rue Racine, n. 4, place de l'Odéon.

COUP D'OEIL

SUR LA DERNIÈRE

RÉVOLUTION D'ESPAGNE,

ET SUR LES CAUSES QUI ENTRAÎNÈRENT

LA CHUTE DES CORTÈS;

PAR LE CHEV. D'A***.,

LIEUTENANT-COLONEL, ATTACHÉ A L'ÉTAT-MAJOR DU CAPITAINE-GÉNÉR
VALDEZ, PENDANT LE SIÉGE DE CADIX.

PARIS.

DELAUNAY, LIBRAIRE, PALAIS-ROYAL.

AOUT 1830.

COUP D'ŒIL

SUR LA DERNIÈRE

RÉVOLUTION D'ESPAGNE,

ET SUR LES CAUSES QUI ENTRAÎNÈRENT

LA CHUTE DES CORTÈS.

Situation de l'Espagne avant 1820.

L'Espagne appauvrie par le tarissement des sources de son ancienne prospérité, privée d'industrie et de crédit, ruinée par une guerre de dévastation ; se trouvait, depuis 1814, dans un état d'isolement absolu et de décadence que l'impéritie de son gouvernement aggravait chaque jour. L'Amérique qu'elle n'avait acquise jadis qu'au prix de son propre dépérissement, de la perte de son agriculture et d'une partie de sa population, s'était séparée de la mère-patrie. Le pouvoir absolu, l'oppression cléricale, l'intolérance, tout enfin contribuait à agrandir les plaies profondes qui la déchiraient.

Le gouvernement obstiné à poursuivre cette chimère d'une richesse factice, à laquelle l'avait habitué la possession de ses colonies, épuisa en pure perte les dernières ressources, et aggrava encore les maux de la nation par l'accroissement de pouvoir qu'il laissa reprendre à un clergé nombreux qui, semblable aux sauterelles de l'Egypte, dévorait, dévastait la péninsule, tandis qu'elle s'épuisait au dehors en vains efforts sur l'Atlantique.

Un pouvoir réparateur, un gouvernement protecteur, eussent pu cependant la replacer aisément au rang qui lui est assigné parmi les puissances de l'Europe. L'incurie du roi et de ses conseillers, qui sacrifient constamment le bien-être public à leur ambition particulière, à leur intérêt personnel, replongèrent plus profondément l'Espagne dans l'abîme dont elle eût pu sortir à l'aide d'un gouvernement éclairé qui se fût pénétré de cette vérité, que la prospérité des gouvernans est subordonnée à celle des gouvernés, que leur richesse, leur force est constamment relative à celle de la nation.

Les cortès de Cadix, en donnant une constitution au peuple espagnol, avaient adopté le seul moyen réparateur possible, et la nation s'y était d'autant plus identifiée qu'elle reconnaissait de ce pouvoir d'union, les élémens à l'aide desquels elle avait pu défendre son indépendance.

(7)

Par-là, la conduite du roi, à son retour, se trouvait toute tracée, il trouvait, en rentrant, une population enthousiaste des vertus qu'on lui avait prêtées; un gouvernement établi sur la force des résultats, et qui avait donné la première impulsion réformatrice; il n'avait qu'à continuer.

On croit assez généralement que Ferdinand VII n'était pas éloigné d'embrasser ce parti; mais, dans le sein même de cette assemblée qui avait si puissamment résisté à la domination étrangère, qui avait imprimé à toute la nation un élan si patriotique, il se trouva des décepteurs qui, abdiquant le mandat qui ne leur avait été que *confié* par la patrie, et sous condition de le défendre, donnèrent par leur défection l'exemple de la trahison, et firent entrevoir au parti des absolutistes la possibilité de ressaisir un pouvoir oppresseur. C'est à cette dissidence seule que l'Espagne dut alors le retour au règne du bon plaisir, et de voir les citoyens qui avaient prodigué leur sang pour la défense de la patrie, livrés aux proscriptions : dès lors la marche imprimée à la nation vers une régénération politique et morale s'arrêta simultanément. Le sacerdoce envahit, le peuple se découragea, la masse de la nation retomba dans l'abattement.

Révolution de l'île de Léon.

On se tromperait, si l'on croyait que la révolution de l'armée de l'île de Léon fut le résultat d'un mouvement *national;* car elle prit naissance dans des causes tout-à-fait secondaires. La nation salua ce mouvement comme l'aurore d'un beau jour, comme l'époque de sa régénération; opprimée, elle crut pouvoir participer aux bienfaits de la civilisation d'une manière durable : elle l'accueillit avec transport, et la seconda; pareille chose pourrait se reproduire.

C'est une opinion assez généralement répandue que le peuple espagnol est apathique et insouciant; il n'en est rien. Cet état n'est pas chez lui le résultat d'un caractère moral, mais bien de l'abattement où le tiennent le sacerdoce, la pauvreté et *l'ignorance* : ces deux puissans mobiles du pouvoir sacerdotal.

Vif comme tous les peuples du Midi, l'Espagnol conçoit avec facilité, s'enthousiasme pour la gloire comme pour la liberté, pour le fanatisme comme pour cette obéissance passive qui dégénère en esclavage, pour Dieu comme pour le roi. Capable d'impressions vives, il croit aveuglément. Ce peuple n'était peut-être pas encore assez mûr *alors* pour un système de liberté aussi large que celui qu'on lui avait donné ; mais un instant peut l'éclairer ; et, lorsqu'il a pris un parti, il n'y renonce que difficilement, il brave tout pour le soutenir.

Les commotions politiques portent nécessairement l'empreinte d'un caractère national : il est donc essentiel que les hommes appelés par les événemens à l'y diriger prennent pour base l'étude de ce même caractère.

Il en est du caractère des révolutions comme de celui de l'homme pris isolément, il faut les juger d'après les maximes et les principes de leur époque. L'impulsion donnée à la marche de notre siècle est tellement rapide, que peu d'années suffisent pour apporter dans les mœurs et les coutumes d'un peuple un changement absolu. Or l'Espagne, qui en 1820 n'avait qu'à peine atteint les principes généraux de son éducation politique, est peut-être aujourd'hui assez avancée pour la terminer.

L'armée de l'île de Léon ne fut qu'un levier d'impulsion ; elle n'avait que l'avantage de présenter sur un point une réunion d'hommes armés, prêts à tenter l'affranchissement de la patrie, et peu avides d'aller porter des chaînes à l'Amérique.

Cet ensemble facilita les communications avec

des hommes chez qui le patriotisme s'était ré-
veillé, et les chefs conçurent le plan d'une régénération politique. Le soldat la seconda, parce
que, à l'abri de la responsabilité personnelle, il
évitait d'aller faire une campagne lointaine et
dangereuse. Lopez, Banôs et Quiroga suivirent
le mouvement, *parce qu'ils se trouvèrent com-
promis* et trop avancés pour pouvoir reculer ;
parce qu'ils se virent forcés d'opter entre la liberté et l'échafaud.

L'hésitation qui se manifesta deux jours avant
le mouvement faillit cependant en compromet-
tre le résultat ; une mesure énergique de la part
du pouvoir eût dispersé peut-être ces élémens
mal assemblés et qu'aucun lien ne resserrait encore. Le général Arco-Agüero, qui réunissait à
une grande sagacité la hardiesse d'un soldat pa-
triote, sentit cet état d'oscillation prêt à deve-
nir fatal à la cause de la liberté, il donna l'impulsion, les timides même durent le suivre.

Convocation des Cortès.

Si la représentation nationale eût senti avec
justesse sa position et l'eût combinée avec l'état
moral de la nation, il est presque hors de doute

que le gouvernement représentatif était, pour toujours, solidement établi en Espagne. Tout concourait à le rendre stable ; il n'était pas absolument neuf. Le nom des cortès était ancien, il rappelait les anciennes franchises nationales détruites par Charles v. Une tradition patriotique avait transmis au peuple les noms vénérés des chefs des communes qui scellèrent de leur sang le dernier effort fait pour combattre le despotisme. On citait avec attendrissement le nom de Jean Padilla et de son héroïque épouse, morts pour la cause de la patrie ; mais les siècles avaient passé, et avec eux les mœurs et les coutumes d'un peuple libre ; il eût fallu les retremper d'une manière forte, vigoureuse, mais *prudente* : c'est ce que l'on n'a pas senti.

Il est un axiome en politique, c'est qu'il faut intéresser au nouvel ordre de choses qu'on établit, et à sa conservation, toutes les classes de la population, et autant que possible n'en mécontenter *aucune*. La proscription ou l'exclusion d'une caste, d'un ordre quelconque de citoyens, enfante une masse d'ennemis qui se grossit chaque jour par de nouveaux prosélytes, et qui, en privant la nation du concours de tous ses enfans, jette les germes de la guerre civile.

Dans un état qui subit une révolution il se forme constamment un parti d'opposition au nouvel ordre de choses. Ce parti se compose des hommes dont les ambitions ou les intérêts sont lésés ou déçus par le changement. Il est malheureusement peu d'hommes assez éminemment vertueux pour sacrifier leur intérêt personnel à celui de la cause générale. Les vertus républicaines ne sont plus de notre siècle ni de la vieille Europe. Les mœurs d'un peuple ne changent que progressivement, et tant que les hommes seront avides de décorations, de broderies, ceux qui peuvent en distribuer trouveront toujours des partisans.

Afin d'éviter une dissidence d'opinions, afin de les fondre toutes dans l'intérêt commun, il faut donc y intéresser tout ce qui tient à la nation.

La constitution espagnole était vicieuse, en ce qu'elle excluait du gouvernement représentatif le corps nombreux et puissant de la noblesse, dont la masse pourtant était inclinée aux idées libérales. Le gouvernement des cortès succomba parce qu'il n'établit que quelques théories, et en révolution il faut des *principes*.

Les cortès attaquèrent le pouvoir sacerdotal ; mais elles l'attaquèrent mal et trop tôt. Ce pouvoir était trop fort pour que sa puissance pût être avantageusement attaquée de front. La suppression de la dîme, des votes, et des autres droits

usurpés par les chapitres et les corporations reli-
gieuses, étant toute à l'avantage du peuple, il l'aurait soutenue, parce que son intérêt s'y trouvait
au positif; mais comme il eût été difficile de lui
faire comprendre les intérêts de la masse, il eût
peut-être été plus sage de chercher à s'attirer le
haut clergé (pour en affaiblir ensuite l'opposition), en ne touchant pas encore à ses pro-
priétés.

Les cortès de 1821 décrétèrent une foule de
lois utiles, mais elles ne sentirent pas assez cette
vérité, que tout ce qui est élagué doit être mis
dans l'impossibilité de nuire, sinon par vertu, au
moins par intérêt. Elles marchèrent à grands pas
vers une réforme générale, dans des intentions
louables sans doute, par sentiment intime de
conviction et par zèle pour le bien public, mais
sans principes : c'est ce qui les perdit.

Du sein de la noblesse et du clergé surgirent
des partis différens; les opposans, réunis par
l'intérêt commun, adoptèrent *un principe*, celui de diviser, auquel on eût dû opposer celui
de réunir.

Pour diviser, ils enfantèrent les partis d'Anil-
leros, de Gorros, de Communeros, de Républi-
cains; poussèrent les esprits à une exaltation
fatale, et jetèrent la désunion parmi les libé-
raux qui une fois divisés devaient succomber.

Journée du 7 juillet 1822.

Cette journée mémorable qui, par l'adresse avec laquelle elle avait été préparée, aurait dû avoir un succès bien différent de celui qui la couronna n'assura que *pour un instant* le triomphe des libertés publiques, et les replaça en problème.

L'absence de principes établis, de la part des cortès, avait ouvert la carrière aux conspirations, et le ministère même était à la tête de celle qui commença le 30 juin pour se résoudre le 7 juillet.

Ce même manque de principes de la part du gouvernement conspirateur fit échouer la réforme qu'il en attendait, et plaça les ministres entre le feu des absolutistes et des défenseurs de la liberté.

Si le pouvoir législatif eût établi d'une manière positive la responsabilité ministérielle, si l'ensemble des lois organiques se fût ressenti de cette impulsion coordonnée, stable et irrévocablement tracée qui doit être la base de tout gouvernement représentatif, et qui trace à chaque citoyen la ligne de ses devoirs, si enfin l'impulsion eût été uniforme, le ministère n'eût pas trouvé les élémens de séduction qui lui donnèrent la latitude d'organiser une conspiration que le hasard seul, pour ainsi dire, et l'héroïque dé-

vouement des citoyens firent tourner contre ses
propres auteurs.

Cette journée, qui couvrit de gloire la garde
nationale de Madrid, aurait dû commencer une
nouvelle ère de liberté; elle eût dû faire sentir
au pouvoir législatif l'abîme dans lequel il avait
failli être entraîné, toujours par le seul défaut
de principes : du 7 juillet 1822 devait dater la
régénération réelle de la nation espagnole, et
c'eût été de ce moment qu'une ligne d'opéra-
tions franche, invariable, positive, eût dû être
tracée.

Les cortès eussent dû sentir d'autant plus l'é-
tat précaire de leur situation, qu'il était prouvé
que le mouvement du 30 juin (et dont les coups
de fusil de la garde royale au moment où le roi
rentrait au Palais furent le prélude), avait été
organisé par le ministère, *avec la coopération
des ambassadeurs étrangers*..... Leur projet n'é-
tait pas, il est vrai, d'abolir purement et simplement le gouvernement constitutionnel, mais de
l'affaiblir seulement, en le modifiant. Singulière
abherration de ces hommes d'état! qui pensè-
rent qu'un mouvement de force militaire suffi-
sait pour changer la face d'un gouvernement
devenu représentatif, qui consacraient par-là le
principe dangereux d'admettre la force armée
comme pouvoir législatif, et faisaient résider dans

la force des baïonnettes l'organe des lois nationales.

Les cortès de 1820 eurent tort peut-être de
sanctionner purement et simplement la constitution demandée par l'armée, puisque l'armée
ne peut être considérée comme corps délibérant ;
elles auraient dû profiter du mouvement et de
leur position pour établir comme condition *sine
quá non* de la couronne, le pacte fondamental. Il
fallait qu'il y eût, avant toutes choses, une dé-
claration de principes, émanée du pouvoir national. Une révolution purement militaire ne
peut pas plus être considérée comme mouvement
national que l'oppression des baïonnettes sur un
peuple opprimé ne constitue la sanction des lois
oppressives.

L'armée, fille de la nation, ne peut tourner
contre elle les armes qui lui sont données pour
la défendre ; si elle devient l'instrument d'un
despotisme oppresseur, elle cesse d'appartenir à
la grande famille ; composée de citoyens, elle ne
peut, par cela qu'elle est astreinte aux lois mili-
taires, se considérer comme dégagée de l'obser-
vance des lois civiles, puisque les autres n'en
sont qu'une émanation.

Dans les derniers événemens où la France a
reconquis ses droits et s'est replacée à la tête de
la civilisation ; où elle a revendiqué et repris sa

place de première nation du monde, un général (qui eut été digne de commander des prétoriens) s'est excusé, en ce que l'honneur militaire était *l'obéissance.* Nous admettrons ce principe, mais pour ce qui touche aux lois et règlemens disciplinaires seulement ; car, si l'obéissance que le chef réclame est un attentat aux lois du pays, il ne peut entraîner le soldat dans sa rébellion.

Cette obéissance passive, exclusive, ne peut être imposée qu'en présence de l'ennemi, parce que là les lois civiles cessent.

Causes qui ont préparé les succès de l'armée française en Espagne.

Tout le monde s'est étonné du peu de résistance que les Espagnols ont opposé à l'armée française pendant la campagne de 1823; on a été surpris qu'un peuple qui osa affronter les premiers soldats du monde commandés par le plus grand capitaine de son siècle; qu'une nation qui avait pendant quatre années consécutives lutté avec un courage, une persévérance héroïques, cédât presque sans combattre.

On en a déduit que le peuple Espagnol pré-

férait l'esclavage à la liberté; mais cette consé-
quence est fausse. Deux causes seules ont amené
la soumission de l'Espagne : l'impéritie des divers ministères qui se sont succédés depuis 1820
jusqu'à 1823, et l'ordonnance d'Andujar, qui
fut le coup le plus machiavélique qu'on eût pu
porter aux défenseurs de la Constitution.

Les divers ministères, loin de régulariser
l'opinion et de chercher à la diriger, la mirent,
en la laissant flotter, à la merci des malveil-
lans, des jésuites, qui s'en emparèrent pour
l'égarer.

La nation se trouva tout à coup divisée : des
partis se formèrent, des sociétés dites *patrio-
tiques* fomentèrent encore plus ces divisions.

Les communéros s'érigèrent de société phi-
lanthropique en société politique, les francs-ma-
çons les imitèrent, et ces derniers encore furent
subdivisés en réformés et en anciens. Les répu-
blicains, les partisans outrés de l'ancienne constitution, se vouèrent une guerre acharnée, et
tournèrent les uns contre les autres ces moyens
de défense qui, réunis, eussent assuré le triomphe
d'une sage liberté.

Des folliculaires, des pamphlétaires inondè-
rent l'Espagne de leurs écrits; des orateurs éner-
gumènes soufflèrent du haut des tribunes popu-
laires la division et la discorde; Basiles déguisés

sous le manteau républicain, ils égarèrent les esprits et préparèrent les succès de l'armée française. Certes, il en fut dans le nombre quelques-uns qui embrassèrent de bonne foi ces idées exagérées, qui, séduits par l'ascendant qu'a sur un cœur libre la perspective d'une liberté illimitée, et entraînés par une imagination ardente, errèrent, mais de bonne foi ; mais quel dut être leur désenchantement quand, après le rétablissement du pouvoir absolu, ils se virent en butte aux persécutions *de ces mêmes hommes* qui les avaient égarés ; quand les M...., les R...., jetant le masque du républicain, se rangèrent parmi les chefs de cette police inquisitoriale que le despotisme se hâta d'établir, et dressèrent ces tables de proscription où figuraient leurs victimes !

Cette maxime tibérienne de diviser pour régner fut donc la cause principale des malheurs de l'Espagne ; c'est à ces divisions intestines seules qu'elle dut de voir paralysése une partie des bras sur lesquels elle comptait pour la défendre ; *ce sont elles qui donnèrent le prétexte de l'intervention étrangère*....; quand, affaiblie par les dissensions civiles, la masse même des vrais constitutionnels, désespérant de parvenir à établir avec stabilité les institutions libérales, se découragea, et, crainte de plus grands malheurs, se rattacha à l'ordonnance d'Andujar, qui ne fut qu'une déception, mais où l'on entrevoyait l'espoir d'un gouvernement au moins tempéré.

CONCLUSION.

C'est donc au conflit d'opinions seulement que l'Espagne dut la chute de son système constitutionnel, mais c'est une grande leçon qu'elle nous a léguée.

En prenant la plume pour retracer brièvement les causes qui l'ont privée d'un gouvernement représentatif qu'elle ne pourra reconquérir maintenant qu'en versant le sang de ses enfans, j'ai retracé fidèlement ce dont j'ai été témoin. J'ai cru devoir, dans les circonstances actuelles, rappeler un exemple si près de nous, afin de nous mettre en garde contre les embûches du despotisme.

Ce serait une sécurité fatale, que de croire ce pouvoir que l'héroïque nation française vient de terrasser, au moment où il se levait plus menaçant, complétement anéanti. Il est vaincu; mais il ne cédera certainement pas, sans avoir épuisé toutes les ressources que le fanatisme, les passions peuvent lui laisser. La tyrannie attisera dans l'ombre les brandons de la guerre civile. Elle sait qu'une nation divisée est à moitié vaincue, elle tentera donc tous les moyens de susciter les discordes.

La dernière révolution pure de tout excès, héroïque dans ses commencemens comme dans ses succès et dans sa victoire, en plaçant la nation française à l'apogée de la gloire, lui laisse une honorable tâche à remplir; l'homme est comptable à la société, non-seulement du mal qu'il peut faire, mais encore du bien qu'il est en son pouvoir, et qu'il omet de faire.

La liberté du monde est pour ainsi dire commise à la garde du peuple français, c'est lui que l'Europe entière salue aujourd'hui du beau nom de peuple libérateur : qu'il continue à se montrer digne d'une aussi noble tâche, qu'il conserve dans toute sa pureté ce drapeau, emblème de son triomphe, comme il est la terreur de ses ennemis et des sectaires du despotisme. Que les despotes, qui essaieront tous les moyens de flétrir cette belle révolution, échouent dans leurs tentative, qu'elle reste telle que l'a faite la grande nation. Mais il n'est qu'un moyen, c'est d'être constamment en garde contre les agitateurs, quel que soit le manteau dont ils se couvrent.

Le peuple héroïque de Paris a tracé dans son enthousiasme la seule marche à suivre, il ne faut point s'en départir. C'est au cri de *vive la Charte* qu'il a combattu et triomphé; c'est à ce cri patriotique qu'il a couru aux armes, c'est encore le cri qu'il a fait entendre en les déposant pour reprendre ses paisibles travaux, après le plus glorieux triomphe dont les annales d'aucun peuple puissent faire mention. La générosité, l'héroïsme, le désintéressement le plus absolu, toutes les vertus civiques enfin, ont brillé dans ces jours d'immortelle et glorieuse mémoire que la postérité redira avec admiration.

Il n'est pas de Charte sans monarque, la France en a déjà fait le trop douloureux essai; qu'elle soit une vérité, comme l'a dit un prince auguste : mais il faut un premier magistrat de la nation pour veiller à sa conservation.

Rejetons loin de nous toute pensée qui tendrait à nous faire dévier de ce but, craignons l'affreux despotisme sous le bonnet du républicain. La France a besoin de paix et d'industrie : si elle ne pouvait pas conserver la première avec l'étranger, qu'elle entre dans la lice; forte de son enthousiasme, de son héroïsme *et de son union*, elle repoussera toute agression, et le monde lui devra encore une fois la liberté.

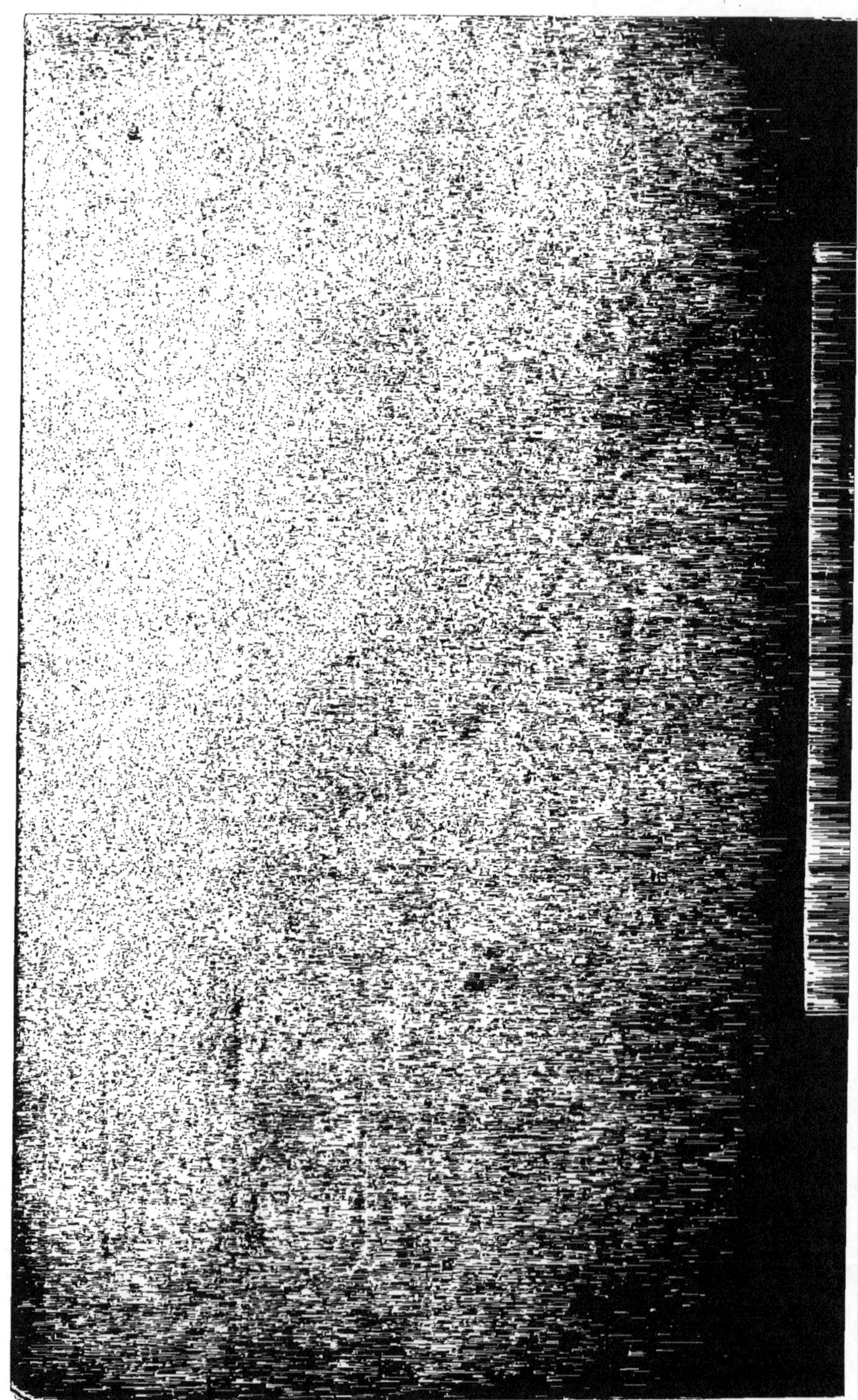